Straßenbahnmarken für den Einwurf
(Abbildung vergrößert)

Boamten- oder Stadtratmarken zum ermäßigten Tarif
(Abbildung vergrößert)

HISTORISCHE STRASSENBAHNFAHRT
DURCH ALTENBURG

E. Reinhold Verlag

IMPRESSUM

Herausgeber:	E. Reinhold Verlag	Theo-Neubauer-Straße 7	04600 Altenburg	www.vkjk.de
Texte:	Klaus-Jürgen Kamprad
Layout, Bildbearbeitung:	Michelle Matuszczak
Lektorat:	Gustav Wolf, Roland Ludwig
Technische Herstellung:	Westermann Druck Zwickau GmbH	Crimmitschauer Straße 43	08058 Zwickau

ISBN 978-3-937940-95-3

INHALTSVERZEICHNIS

Herzlich willkommen

Die Residenzstadt Altenburg erlebt im 19. Jahrhundert einen wesentlichen Entwicklungsschub, der noch heute in vielen Funktions- und Repräsentationsbauten jener Jahre nachvollziehbar ist. Ab 1826 ist Altenburg wieder Hauptresidenz. Nach dem Tod Herzog Friedrichs IV. von Sachsen-Gotha-Altenburg am 11. Februar 1825 erlischt das herzoglich ernestinische Haus Sachsen-Gotha-Altenburg. Gemäß Schiedsspruch König Friedrich Augusts I. von Sachsen und dem am 12. November 1826 unterzeichneten Teilungsvertrag erfolgt eine umfassende Neuordnung der ernestinischen Herzogtümer: Herzog Friedrich von Sachsen-Hildburghausen übernimmt das neugegründete Sachsen-Altenburg, dieses wird aus dem Altenburger Anteil des aufgelösten Herzogtums Sachsen-Gotha-Altenburg gebildet und die Stadt Altenburg zur Hauptstadt ausgerufen.

Der wirtschaftlich-technische Fortschritt ab den 1840er Jahren schlägt sich in zahlreichen Fabrikationsgebäuden, in technischen Anlagen wie der Gasanstalt, in neuen Verkehrswegen wie der Bahnstrecke Leipzig–Hof und eben auch in der Errichtung eines Straßenbahnnetzes am Ende des 19. Jahrhunderts nieder.

Am 18. September 1894 gründet sich die Aktiengesellschaft Straßenbahn- und Elektrizitätswerk Altenburg. Diese veranlasst den Bau der Kraftstation – also des Kraftwerks –, des Straßenbahndepots und der Verwaltung in der Ziegelstraße 6, heute der Sitz der Energie- und Wasserversorgung Altenburg GmbH in der Franz-Mehring-Straße 6, sowie den Aufbau des innerstädtischen Schienennetzes. Es war innerhalb Deutschlands erst die siebente Stadt, die sich für ein Straßenbahnnetz entschieden hatte.

Die Route der Altenburger Straßenbahn verband die damals wichtigsten Stadtteile mit dem Bahnhof. Insgesamt war die Strecke vom Bahnhof um die Stadt herum 3.900 m lang. Die Straßenbahn bewältigte diese Strecke in ca. 30 Minuten und erreicht zwischen den Haltestellen eine Geschwindigkeit von maximal 10 km/h. Fast eine Million Fahrgäste nutzten jährlich die Straßenbahn.

Leider wurde trotz dieser Fahrgastzahlen der Betrieb der Straßenbahn von Jahr zu Jahr unrentabler und schließlich im Jahr 1921 für immer eingestellt.

Die historische Route der Straßenbahn ist der Leitfaden für dieses Buch. Vom Bahnhof aus folgt die Auswahl der auf den alten Fotografien abgebildeten Gebäude der alten Strecke, die heute nur noch an den wenigen verbliebenen Aufhängungen der Oberleitung zu erkennen ist.

Ein herzlicher Dank gilt allen Leihgebern der alten Fotos, Postkarten und Dokumente, die dieses Buch erst ermöglicht haben. Durch die Vielfalt der geschichtsträchtigen Motive der Straßen, Plätze und Gebäude ist ein umfassendes Bild der Residenzstadt Altenburg um die Wende vom 19. zum 20. Jahrhundert entstanden.

Klaus-Jürgen Kamprad

Blick auf das ehemalige Straßenbahndepot

Zum Geleit

Die Energie- und Wasserversorgung Altenburg GmbH ist seit ihrer Gründung im Jahr 1992 ein zuverlässiger und fairer Partner bei der Versorgung mit Strom, Erdgas, Wasser oder Wärme. Unser Unternehmen ist eng mit der Stadt Altenburg und deren Umgebung, den Menschen, Firmen und Institutionen dieser Region verbunden. Dieses Miteinander drückt sich auch in unserem sozialen Engagement aus und spiegelt sich in unserem von der Bevölkerung sympathisch geformten Rufnamen „Ewa".

Die Geschichte der Stromversorgung setzte bereits Ende des 19. Jahrhunderts in der herzoglichen Residenzstadt Altenburg ein. Es gründete sich das Straßenbahn- und Elektrizitätswerk und bereits 1895 fuhren die ersten Triebwagen vom Bahnhof kommend in Richtung Herzogliches Theater und dann auf einem Rundkurs um den mittelalterlichen Kern der Stadt.

Im Jahr 1912 gründete sich die Altenburger Landkraftwerke AG, ein Zusammenschluss des Straßenbahn- und Elektrizitätswerks Altenburg mit weiteren Strom erzeugenden Unternehmen des Altenburger Landes. Die Ewa ist ein wesentlicher Teil der Geschichte der Energieversorgung und fühlt sich dieser auch verpflichtet. Daher würdigten wir im Jahr 2012 aus Anlass der 100. Wiederkehr der Gründung der Altenburger Landkraftwerke AG diesen unternehmerischen Weitblick unserer Vorfahren mit einem Kundenfest auf dem Altenburger Schloss. Und da die Stromerzeugung in Altenburg hauptsächlich für den Betrieb der Straßenbahn Einzug hielt, ließen wir eine alte Straßenbahn in einem 15-minütigen Film auf den Pfaden des einstigen Rundkurses durch Altenburger Straßen und Gassen fahren – so wie es vor 100 Jahren gewesen sein könnte. Mit großer Begeisterung wurde diese virtuelle Stadtrundfahrt durch das Altenburg von 1912 von den Gästen des Festes aufgenommen.

Nach dem Fest sendeten die Kunden der Ewa noch weitere Dokumente und alte Fotos, die uns ermunterten, dieses Buch in Zusammenarbeit mit dem E. Reinhold Verlag herauszugeben.

Das Anliegen des Buches ist, ein Bild jener Zeit zu zeichnen, in der die Altenburger Straßenbahn noch ein fester Bestandteil im Alltag der Residenzstadt war. Die historischen Abbildungen zeigen eindrucksvoll, welche Bereiche der Altstadt fast unverändert die letzten einhundert Jahre überstanden haben und wo gravierende Veränderungen festzustellen sind.

Indem wir unseren Blick auch einmal zurück in vergangene Zeiten wenden, schärfen wir diesen für die Zukunft.

Anton Geerlings
Geschäftsführer der Energie- und Wasserversorgung Altenburg GmbH

Die ehemalige Mannschaft

Erinnerung an Altenburgs Straßenbahn (1895 - 1920)

ALTENBURGER STRASSENBAHN

Der festlich geschmückte Wagen 8

BAHNHOF

Altenburg hat schon sehr früh einen Anschluss ans Eisenbahnnetz bekommen. Das erste Bahnhofsgebäude von 1842 stand etwas südlich des heutigen im Viertel, das heute von Wettiner-, Kanal-, Fabrik- und Terrassenstraße eingeschlossen ist. Es war ein Kopfbahnhof, den man von einem anderen, berühmten historischen Kopfbahnhof aus erreichen konnte: dem Bayrischen Bahnhof in Leipzig.

Die Weiterführung der Strecke nach Süden in Richtung Plauen und Hof bereitete mit dem Kopfbahnhofprinzip allerdings Probleme, da sie einen weiten Bogen für die Züge erforderlich machte, ehe diese das Pleißetal erreichten. So begann man 1876 mit dem Bau eines neuen Bahnhofs, der nunmehr als Durchgangsbahnhof konzipiert wurde und vor der Entwicklung des Individualverkehrs das zentrale Ankunftsportal für viele Reisende darstellte. Der Bahnhofsvorplatz bot sich dementsprechend an, um von der Eisen- in die Straßenbahn zu wechseln und mit der letztgenannten den Weg in Richtung Innenstadt fortzusetzen – eine Funktion, die heute durch Taxis oder die Busse der ThüSac wahrgenommen wird.

Der von 1876–1878 neu erbaute Bahnhof

Der Bahnhof um 1900 mit der Endhaltestelle der Altenburger Straßenbahn

Schon damals diente, wie auf dieser alten Postkarte, der Wagen als Werbeträger

WETTINERSTRASSE

Die Wettinerstraße führt in schnurgerader Flucht vom Bahnhofsvorplatz zum nördlichen Eingang des Schlossgartens, hinter dem 1873–1875 das Lindenau-Museum errichtet wurde. Zahlreiche Villengebäude verdeutlichen, dass diese Straße einst ein bevorzugter Wohnplatz für die Betuchten der Gesellschaft war, von denen einige in unmittelbarer Nachbarschaft oder gar in der Straße selbst auch die Produktionsgebäude ihrer Fabriken eingerichtet hatten – eine später nur noch selten anzutreffende räumliche Einheit zwischen Wohnen und Arbeiten.

Viele der historischen Villengebäude sind liebevoll saniert, an anderen jedoch hat der Zahn der Zeit sichtbar genagt. Was würde wohl der Baumeister Gustav Frenzel, der zahlreiche der Gebäude in dieser Straße errichtet hat, sagen, wenn er sie heute durchwandelte und mit der Zeit, als man sie in der Straßenbahn durchqueren konnte, vergliche?

Blick die komplette Wettinerstraße entlang in Richtung Lindenau-Museum

Die Ostseite der Wettinerstraße mit Blickrichtung Bahnhof

Der Südteil der Wettinerstraße. Links vorn die heutige Sparkasse, damals Metallwarenfabrik Köhler

Um 1900 war der Schlossgarten noch umzäunt und mit Toren verschlossen

Das Lindenau-Museum wurde 1873 – 1875 erbaut.
Hier im Zustand nach 1910

ERNSTSTRASSE BIS AGNESPLATZ/ AMALIENSTRASSE

Mit einer 90-Grad-Kurve bog die Straßenbahn nach Westen ein und folgte in leichtem Bogen der unteren Hangkante des Schlossberges nach Südwesten. Die Ernststraße mündete in den Agnesplatz, an dem unter anderem die Gebäude der Wollspinnerei J. G. Schmidt ins Auge fielen. Die sich nun anschließende Amalienstraße wurde erst 1843/44 angelegt, als man die Fläche des Pauritzer Teiches stark verkleinerte. Sie diente – und dient noch heute – als Hauptverkehrsachse in Richtung Innenstadt – eine Funktion, die zuvor der deutlich engeren Pauritzer Gasse zukam. Durch diese führte einstmals die bedeutende Via imperii, durchquerte das Pauritzer Tor und gelangte auf den Brühl, den ältesten Marktplatz Altenburgs.

Heute heißt die Ernststraße Gabelentzstraße, aus der Amalienstraße ist die Rosa-Luxemburg-Straße geworden und den Agnesplatz kennt man als Pauritzer Platz.

Winterlicher Blick auf die Ernststraße; rechts der Nordrand des Schlossparks,
links die seit 1870 im gleichen Haus befindliche Kreuz-Apotheke.

Die Ernststraße im Jahre 1912

Der Agnesplatz in Blickrichtung Ernststraße. Links (ange-
schnitten) das Verwaltungsgebäude der Wollspinnerei
J.G. Schmidt Jun. Söhne

Der Agnesplatz mit der Gabelung in Amalienstraße (links vom Baum verdeckt) und Pauritzer Gasse

Ein Blick in die Amalienstraße Richtung Nordosten zum Agnesplatz; rechts die Uferpromenade des Pauritzer Teichs

JOSEPHSPLATZ

Das Herzogliche Hoftheater am Josephsplatz wurde in den Jahren 1869/70 errichtet. Am 16. April 1871 hob sich zum ersten Mal der Vorhang: Das Theater wurde mit Carl Maria von Webers „Der Freischütz" eingeweiht. Vorbild für diesen Bau war die erste, 1869 durch einen Brand zerstörte Dresdner Semperoper. Der eindrucksvolle Vorbau mit der wirkungsvoll angelegten Treppe und den Zugängen für die oberen Ränge entstand 1905.

An der Südwestecke des Platzes befindet sich das imposante Gebäude des Kaiserlichen Post- und Telegraphenamtes. Es entstand in neoromanischer Formensprache nach Plänen des Postbaurates Hermann Schmedding und wurde 1900 in Dienst gestellt. Einige Jahre später folgte dort auch das neue und für das frühe 20. Jahrhundert sehr modern ausgestattete Telegraphenamt.
Die Straßenbahn lieferte mit einem gelben Paketpostwagen regelmäßig Pakete und Briefsendungen vom Bahnhof hierher.

Blick auf das Theater vor der Erweiterung. Da das später mit dem Kaiserlichen Postgebäude bebaute Areal links hinten noch die Vorgängerbebauung trägt, stammt das Foto spätestens von 1897

Umbauarbeiten am Theater 1904

Das Theater mit dem neuen Vorbau, wie er noch heute existiert

Blick von der Schlossauffahrt zum Theater (historische Postkarte)

Theater-Café kurz nach dem Ersten Weltkrieg

Josephsplatz mit Theater, Schloss und Hotel „Wettiner Hof" um 1913

1909: Ehrenpforte am Josephsplatz für Kaiser Wilhelm II.

Ein klassisches Fotomotiv: Die Straßenbahn füllt optisch die ganze Breite des Josephsplatzes

WALLSTRASSE

Der südliche Arm des Rundkurses bog nun in die Wallstraße mit ihrer das Stadtbild prägenden Mauer ein. Die Mauer steht auf der ursprünglichen Stadtmauer. Diese wurde 1892 abgerissen und die heute zu sehende Mauer mit ihrem schmiede-eisernen Geländer errichtet. Die Wallstraße folgt dem alten Weg zwischen der Stadtmauer und den Häusern am Ufer der Blauen Flut. Die Straße war lange Zeit der engste Teil der alten Reichsstraße, die von Berlin nach München führt.

Viele Wohn- und Geschäftshäuser, die die Wallstraße schmücken oder oberhalb der Mauer entlang der Ringstraße zu sehen sind, sind um die Wende vom 19. zum 20. Jahrhundert entstanden. Seit den 1870er Jahren erlebte die Stadt eine enorme wirtschaftliche Entwicklung, die sich auch in vielen Neubauten widerspiegelte. Entsprechend dem Zeitgeschmack finden wir sachlich klassizistisch geprägte Fassaden neben aufwendig ornamentierten des Jugendstils.

Dieses Stadtgebiet zwischen der alten Burg, entlang des Baches bis hin zum rechts der Fahrtrichtung und hinter den Häusern liegenden Markt ist schon seit vielen Jahrhunderten bewohnt. Der Stauferkaiser Friedrich I., besser be-kannt als Barbarossa, baute Altenburg später zu einem Machtzentrum aus. Zwischen 1165 und seinem Tod im Jahr 1190 weilte er mindestens sieben Mal in Altenburg. Er gründete das Augustinerchorherrenstift, dessen Grundfes-ten noch heute zu bestaunen sind. Der Doppelturm der einstigen Marienkirche ist heute unter dem Namen „Rote Spitzen" das Wahrzeichen Altenburgs.

Die Ecke Josephsplatz/Wallstraße vor dem 1897 begonnenen Abriss ...

... für die Errichtung des neuen Postamtes, das am 16.09.1900 bezogen wurde

Wallstraße 35–37 zwischen 1901 und 1903

Ecke Brückchen/Wallstraße 1914

Eine der berühmten Engstellen in der Wallstraße ...

... wurde mit den Neubauten im Jahr 1904 östlich des Brückchens beseitigt (Foto um 1912)

Oben: Trotzdem ging es in der Wallstraße immer noch recht eng zu, wie dieses Foto beweist

Rechte Seite: Die Einmündung des Brückchens ermöglicht einen Blick von der Wallstraße zu den Roten Spitzen

Linke Seite: Wagen 3 an der Einmündung der Ringstraße in die Wallstraße

Oben: Baderei 9 – hier wurde 1901 ein Durchbruch zur Wallstraße hergestellt

Dichte Bebauung prägt das Areal um den Kunstturm noch Jahrzehnte nach Ende des Straßenbahnbetriebs, etwa in der Baderei ...

... oder im Bereich um die Mühlpforte (hier um 1955)

KUNSTGASSE

Auf Barbarossa geht auch die Anlage der heute zweigeteilten Teiche zurück; das Gewässer sorgte für die Sicherstellung des Trink- und Brauchwassers der Bürger und den Betrieb einer Mühle. Die dafür notwendige Staumauer hat die Zeiten überdauert, sie ist eine der ältesten erhaltenen in Deutschland. Eine zentrale Wasserversorgung gibt es bereits seit 1463 in der Stadt. Dafür sorgte unter anderem die Wasserkunst, ein gelber und fast 54 Meter hoher Turm. Dieser steht direkt am Kleinen Teich und pumpte das Wasser in die Pfützen der Stadt – so hießen die offenen Trinkwasserreservoirs. Eigentlich sieht der Turm eher wie ein italienischer Campanile aus, wurde aber erst 1844 anstelle eines älteren Wasserturms errichtet. Alfred Edmund Brehm, später berühmter Zoologe, war am Bau als Maurerlehrling beteiligt und überlebte sogar einen Gerüsteinsturz. Mit der Inbetriebnahme mehrerer Hochbehälter außerhalb des Stadtgebietes ab dem Ende des 19. Jahrhunderts wurde der Wasserkunstturm außer Dienst gestellt.

Auch in der Nähe des Kunstturmes befand sich eine Eng-
stelle (oben). Rechts: Blick auf die Bebauung zwischen
Kunst- und Hillgasse

Obst u. Gemüse Geschäft
Julius Schmidt.
Inh. Elly Ullmann

TEICHSTRASSE

Die Teichstraße ist eine der Magistralen der Stadt, in denen sich schon das mittelalterliche Leben abspielte. Auf der südwestlichen Straßenseite stand der Preußische Hof. Hier fanden die berühmten Altenburger Bauernbälle statt. Der Reichtum des Altenburger Landes entspringt aus dem fruchtbaren, dunkelbraun-erdigen Boden. Die Altenburger Bauern standen gut da. Ihre ertragreichen Vierseithöfe ernährten das Land und die Stadt. Nach der Ernte wurde gern und oft gefeiert – und das natürlich in der Residenzstadt. Die Bauern kamen mit Pferd und Kutsche von ihren Dörfern, manche auch schon mit dem Automobil. Die Gaststätten waren darauf eingerichtet und warben gleichzeitig für Mobilität und Modernität wie im Fall des Preußischen Hofs mit dem Slogan „Große Ställe und elektrisch Licht!"

Apropos feiern: Die Altenburger liebten es, sich auf Bier zu treffen. Entlang der Straßenbahnroute, vom Teichplan die Teichstraße entlang, den Roßplan querend und über die Schmöllnsche Straße die Schmöllnsche Vorstadt erreichend zählte man damals immerhin 24 Gaststätten, Ausspannen oder Bierstangen. Der Name Bierstange für eine einfache Schankwirtschaft geht auf das mittelalterliche Schankrecht zurück. Es handelt sich bei der sogenannten Bierstange um eine Holzstange an der Fassade des Hauses, die anzeigt, welche der Schankwirtschaften an der Reihe war, Bier ausschenken zu dürfen.

Die Steigung in der Teichstraße in einem Verhältnis von etwa 1 zu 10 machte der Straßenbahn zu schaffen, aber es nahte die Haltestelle an der Kesselgasse.

Blick auf den Teichplan

Bauarbeiten in der Zwickauer Straße am heutigen Teichknoten; im Hintergrund ist die Steigung der Straßenbahntrasse in der Teichstraße gut zu erkennen

Oben: Auch für tagesaktuelle Werbung ist die Straßenbahn geeignet

Rechts: Die Kurve aus der Kunstgasse in die Teichstraße mit anschließender Steigung war der Grund, dass die Straßenbahn nur mit dem Triebwagen fuhr – mit einem Anhänger wäre der Anstieg nicht zu bewältigen gewesen

WEISSES ROSS.

1258

Oben: Die Kurve mit Steigung vom Ausgang der Kunstgasse aus gesehen

Links: Die Straßenbahn an der Haltestelle vor dem Goepelschen Haus, Teichstraße 16, 1896

Oben: Dieser Fahrdraht in der Teichstraße gehörte nicht
zur Straßenbahn, sondern zu einem Obus-System
aus den 1950er Jahren,
das aber nie komplettiert worden ist
Linke Seite: Südseite der unteren Teichstraße

Blick teichstraßenabwärts um 1905

ROSSPLAN

Der Roßplan war einer der wichtigen Märkte Altenburgs. Und wie es der Name schon erahnen lässt, fanden hier seit mehreren Jahrhunderten die Pferdemärkte statt. Diese Frühjahrs- und später auch Herbstrossmärkte waren wichtig. Man trieb Handel, tauschte die neuesten Nachrichten, und die Landbevölkerung genoss die Vorteile des städtischen Lebens für wenige Stunden oder Tage. Und man spielte Karten- und Glücksspiele miteinander, so heftig und ruinös, dass die fürstliche Regierung bereits 1742 diese ausdrücklich verbot.

Der Roßplan steht in direkter Verbindung mit dem zirka 15 Höhenmeter tiefer liegenden Hauptmarkt. Der zentrale Blickfang des von Barbarossa angelegten Platzes ist das wunderschöne Renaissancerathaus. Es wurde in den Jahren 1562 bis 1564 nach Plänen des berühmten Baumeisters Nikolaus Grohmann erbaut. Der große historische Rathaussaal mit seiner eindrucksvollen Profilbohlendecke zeigt die große Handwerkskunst jener Jahre, der Ratskeller lädt zum Verweilen, jedoch mit der Mahnung über dem Eingangsportal: „Und saufet Euch nicht voll Weins, / daraus ein unordentliches Wesen kommt."

Gehen Sie nach unserer Straßenbahnfahrt einfach auf den Markt und schauen Sie selbst.

Oben: Rossmarkt 1886 (Gemälde von Franz Hochmann)

Rechte Seite: An der höchsten Stelle im alten Stadtmauerring gelegen und auch von der Straßenbahn aus zu sehen –
der Nikolaiturm

Schmöllnsche Straße/Ecke Roßplan vor 1889 ...

... und lange nach der Aufstockung. Aus der Bäckerei Rothe ist mittlerweile die Bäckerei Scholz geworden

SCHMÖLLNSCHE STRASSE

Die Schmöllnsche Straße ist erreicht. Der Straßenbahn-Rundkurs führte jetzt aus dem mittelalterlichen Zentrum der Stadt in die zentrumsnahen westlichen Randgebiete, in denen sich im 19. Jahrhundert die ersten Fabriken ansiedelten.

Handschuhe, Hüte, Nähmaschinen, Dampfmaschinen, Wolle und Zigarren sind Produkte, die im frühen 20. Jahrhundert von Altenburg aus weltweit versendet wurden. Auszeichnungen auf Weltausstellungen und beachtliche Produktionszahlen zeigen die hohe Qualität der Produkte an. Die Wirtschaft boomte, auch wenn die ersten Vorboten der politischen, wirtschaftlichen und menschlichen Katastrophe des Ersten Weltkrieges schon zu spüren waren.

Blick die Schmöllnsche Straße abwärts 1905

SCHMÖLLNSCHE VORSTADT

Die Schmöllnsche Vorstadt war das Zentrum der Handschuhfabrikation in Altenburg. Die Familie Ranniger produzierte in der Stadt seit 1808 Leder- und Glacé-Handschuhe und zog Mitte des 19. Jahrhunderts „auf die grüne Wiese" außerhalb des mittelalterlichen Stadtmauerrings. Das Unternehmen beschäftigte in den Jahren vor dem Ersten Weltkrieg etwa 300 Arbeiter und Angestellte, deren kunstvoll gefertigte Handschuhe in alle Welt bis nach Chile, China, Brasilien oder den USA versendet wurden.

Schmöllnsche Vorstadt 15–18 vor der 1900 begonnenen Straßenerweiterung

Die gleiche Passage aus der Gegenrichtung

SCHÜTZEN-STRASSE

Mit der Schützenstraße, der heutigen Puschkinstraße, erreichte die Straßenbahn den westlichen Abschluss unserer Fahrt. Seit den 1870er Jahren wuchs die Stadt stetig, das große Comptoire-Gebäude an der Ecke Schützenstraße/Marienstraße ließ Eduard Ranniger 1871 errichten. Die eindrucksvolle Fassade im Neorenaissancestil kündet von dem Selbstbewusstsein der Unternehmer jener Zeit und deren Glauben an eine gesicherte Zukunft.

Oben links: Die Schützenstraße um 1900. Rechts dominant das Comptoire-
Gebäude der Rannigerschen Handschuhfabrik
Oben rechts: Militärparade in der Schützenstraße
Rechte Seite: Das Eckgebäude Schützenstraße/Steinweg

JOHANNISVORSTADT/ STEINWEG

Von der Schützenstraße führte die Strecke der Bahn in einer scharfen Rechtskurve in die Johannisvorstadt. Noch bis 1865 schützte hier das Johannistor die Altenburger vor unbeobachtetem Besuch. Nach dessen Abbruch entstand Baufreiheit. Der Altenburger Tanzlehrer Friedrich Schaller nutzte diese und baute 1865 in der heutigen Johannisstraße 23 ein großes Wohn- und Geschäftshaus. Der 120 m² große Tanzsaal, wohl der erste einer solchen Dimension für eine private Tanzschule in Deutschland, ist auch heute noch in Familienbesitz und dient der Ausbildung der Eleven.

Oben: Blick über den Hospitalplatz zum Ostflügel des Hospitals zum Heiligen Geist
Rechte Seite: Die Nordseite des Steinwegs. Vorn rechts der Biergarten vom Steinweg 1, in den 1920er Jahren als „Bayrische Bierstube" ausgebaut

Der Gasthof „Zum Goldenen Pflug" in Prä-Straßenbahn-Zeiten, nämlich vor dem Umbau 1883/84

Ebenfalls nicht mehr aus dem Fenster der Straßenbahn zu sehen: das früher Rother'sche Vorwerk, abgetragen 1874 zur Herstellung einer Verbindung aus der Johannis- zur Lindenaustraße

JOHANNISSTRASSE

Die Johannisstraße war eine der vitalsten Straßen im Altenburg des Jahres 1912. Hier mischten sich Kinderlachen, der Lärm des Alltags, Klagen der Trauernden und die Freude der Glücklichen zur bunten Melange des Lebens. In dieser Straße – nur 350 Meter lang – wohnten mehr als 200 Familien, 25 Firmen boten den Menschen Lohn und Brot und ihre Dienstleistungen – von der Hühneraugenoperation bis zur Paukenfabrik. Juwelen und Gold konnte man ebenso wie Brot und Zigarren in einigen der mehr als 30 Geschäfte erwerben.

Der Übergang der Johannisstraße in die Burgstraße ist ein markanter Ort. Der ehemalige Gasthof „Stadt Gotha" in der Johannisstraße 1 ist ein Barockbau aus den Jahren 1775/76 und war einer der bedeutendsten Gasthöfe im Altenburg des 19. Jahrhunderts. Hier übernachteten während ihrer Besuche in der Residenzstadt Goethe, Blücher, Humboldt oder Bismarck.

Freisitz der Gaststätte „Johannisgarten"

Beflaggung der Straße beim
Kaiserbesuch 1909

Im Gasthof „Stadt Gotha" wohnte im 19. Jahrhundert die Prominenz von Goethe bis Bismarck

Seifensiederei Bachmann, Johannisstraße 20, 1900

BURGSTRASSE

Die Herzogliche Landesbank schließt sich direkt an „Stadt Gotha" an. Seit 1865 residierte die Bank in dem vornehmen Gebäude. Im zweiten Stock befand sich die herzogliche Landesbibliothek mit über 70.000 Bänden, darunter seltene mathematische und astronomische Bücher, die der berühmte Altenburger Gelehrte, Staatsmann und Astronom Bernhard August von Lindenau zur Verfügung gestellt hatte.

Die ebenfalls auf der nördlichen Straßenseite zu entdeckende Bartholomäikirche ist die älteste der Stadtkirchen. Sie geht auf eine romanische Basilika aus dem 12. Jahrhundert zurück. Der Umbau zu einer spätgotischen Hallenkirche erfolgte im 15. Jahrhundert, der barocke Turm stammt von 1668. Die Bartholomäikirche ist auch die letzte Ruhestätte des Gelehrten Georg Spalatin, enger Freund und treuer Weggefährte Martin Luthers.

Die Straßenbahn erreichte nun den Brühl, den ältesten Marktplatz der Stadt. Bereits im 12. Jahrhundert war er Mittelpunkt einer Kaufmannssiedlung. Die berühmte Via imperii, eine der Fernhandelsstraßen des Mittelalters, durchquerte diesen Markt und schuf eine Verbindung zur Ostsee oder nach Italien.

Seit 1903 schmückt ein als Brunnen gestaltetes Denkmal den Platz. Vier beim Kartenspiel raufende Wenzel symbolisieren das 1813 in Altenburg erfundene Skatspiel. Die Köpfe von Glücksschweinen werden zu Wasserspeiern, ein im Wasser des Skatbrunnen getauftes Kartenspiel soll besonders viel Glück bringen.

Das barocke Seckendorffsche Palais dominiert die Ecke Burgstraße/Brühl. Der österreichische Generalfeldmarschall Reichsgraf Friedrich Heinrich von Seckendorff ließ das Stadtpalais 1724 errichten und reich verzieren – ganz seiner Profession gemäß mit Grafenkrone, Wappenschilden und Kriegsgerät.

Die reich geschmückte Fassade von Burgstraße 2, einem Haus von
Johann Georg Hellbrunn

Der Kreuzungsbereich Burg-/Johannis-/Friedrichstraße (heutige Friedrich-Ebert-Straße) mit der 1862–1865 erbauten Landesbank

Oben: Burgstraße von Westen um 1905

Rechte Seite: Die Bartholomäikirche, Altenburgs ältestes Gotteshaus

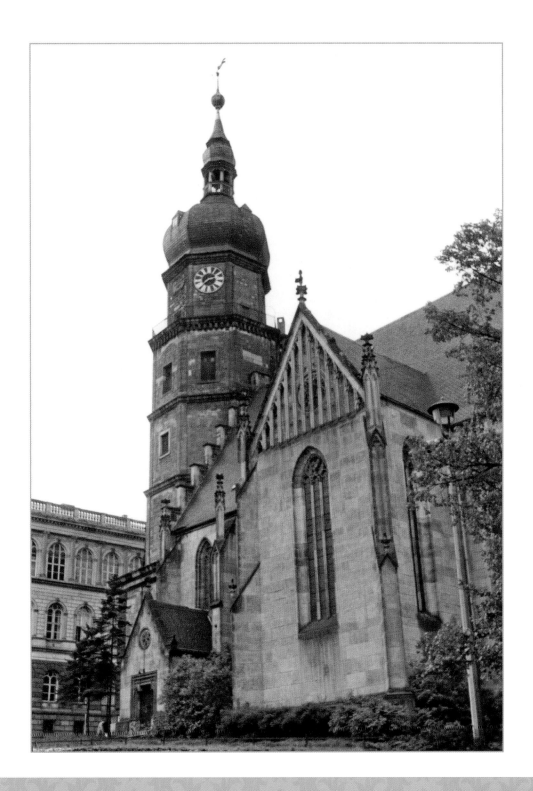

Auch die Burgstraße weist eine nicht unbeträchtliche Steigung auf

Blick in die Amtsgasse zum Hoffleischer Rothe (das Haus wurde 1906 abgetragen)

Lange nach der Straßenbahn-Ära bot sich am Amtsgericht dieses eklektizistische Bild

Das Seckendorffsche Palais und das Amtsgericht am Brühl; vor letzterem fehlt noch der 1903 errichtete Skatbrunnen

Oben: Der Skatbrunnen mit dem Seckendorffschen Palais,
original fotografiert 1930
Linke Seite: Das reich dekorierte Frontispiz des Seckendorffschen Palais

Burgstraße von Osten um 1905

Schon damals gab es im Eckhaus Wallstraße/Burgstraße Kaffee, Kuchen und andere Leckereien

SCHLOSS

Der auf einem Porphyrfelsen thronende barocke Teil des Schlosses wurde Anfang des 18. Jahrhunderts errichtet. Die Anlage einer Burg erfolgte wohl schon im 9. Jahrhundert, der dann eine tausendjährige Baugeschichte folgte. Die Prinzen Ernst und Albrecht sind hier aufgewachsen und der für die beiden glücklich endende Prinzenraub beschäftigt noch immer die Historiker. Der Thomaskantor Johann Sebastian Bach spielte ebenso wie Franz Liszt auf der berühmten Trost-Orgel der spätgotischen Schlosskirche.

Zu Zeit der Straßenbahneinweihung waren Herzog Ernst I. von Sachsen-Altenburg und seine Gattin Prinzessin Agnes von Anhalt-Dessau die ranghöchsten Bewohner des Schlosses. Seit dem Tod von Ernst I. 1908 regierte sein Neffe, Herzog Ernst II. von Sachsen-Altenburg, und wohnte gemeinsam mit seiner Gattin Prinzessin Adelheid zu Schaumburg-Lippe und den vier Kindern im Schloss. Der Herzog, der 1911 zum preußischen und sächsischen Generalleutnant ernannt wurde, unterhielt wie bereits sein Onkel hervorragende Kontakte zum deutschen Kaiser. Das Kaiserpaar besuchte bereits im Jahr 1909 Altenburg.

Linke Seite: Durchblick zur Schlosskirche

Oben ein Luftbild des Schlosses: fast in der Draufsicht von Norden nach 1910

EPILOG

Eine Reise durch Altenburg entlang der alten Straßenbahn-Route findet mit dem Blick auf das Schloss ihr Ende. Der Glanz der 1000 Jahre alten Residenzstadt ist nicht verblasst. Die historischen Bilder erzählen ehrlich und ungeschminkt von einer vergangenen Zeit, die wir heute oft romantisieren. Der Charme der barocken und klassizistischen Gebäude, die bereits vor 100 Jahren von der Patina der Zeitläufe gezeichnet waren, und der vielen in jenen Jahren erbauten Jugendstilhäuser ist bis heute erhalten geblieben. Gemeinsam mit den Errungenschaften der modernen Stadtentwicklung bilden sie eine gewachsene Symbiose. Und ein wenig belegen diese Bilder die durchaus plausible Annahme, dass die Stadt Altenburg heute in einem Erhaltungszustand ist, der so noch nie zu verzeichnen war. Die Narben verschwundener Häuser in den Straßenzügen mahnen dennoch, weiter den Bestand der historischen Bausubstanz auch für die nächsten Generationen zu sichern.

Die Altenburger Straßenbahn fuhr durch bewegte Zeiten der politischen, industriellen und städtebaulichen Entwicklung. Bedurfte es für die Gründung und den Betrieb des Straßenbahn- und Elektrizitätswerkes Altenburg noch der Konzession von Herzog Ernst I., so hielten zur Einstellung des Fahrbetriebs nur knapp drei Jahrzehnte später demokratisch gewählte Parlamente die Macht in ihren Händen. Wichtige Industriebauten, moderne Straßenzüge mit komfortablen Mietwohnungen und neue Plätze waren entstanden.
Auch wenn es die Intention des Buches ist, der Route der Straßenbahn zu folgen, wurden einige wenige Motive berücksichtigt, die zeitlich nicht ganz genau definiert werden konnten oder deren Entstehung sichtbar außerhalb des vorgegebenen Zeitraums lag. Diese Abbildungen runden aber das Bild einer prosperierenden Stadt im 19. und 20. Jahrhundert ab.

Links: Schon zu Zeiten der Altenburger Straßenbahn eine dominante Landmarke: das Schloss aus Richtung Südwesten

BILDNACHWEIS

Der Verlag dankt:

Archiv Ewa	Vorsatz r., 5 u., 7, 47 l., 54, 71 l., Nachsatz
Erika Reißmann	S. 5 o., 8–9, 12, 27, 35–36, 40–41, 47 r. ,
	48–51, 55–57, 60, 64, 66–67, 69, 71 r.,
	76–77, 80, 84–85, 88 l., 89, 92–95, 98–99,
	102, 104–109, 111–112, 116–117
Steffen Sell, Heimat-Verlag	S. 5 u., 15, 18–21, 30, 42–43, 52, 103
Archiv Stadt Altenburg, Untere Denkmalschutzbehörde	S. 14, 26, 28, 31, 46 l., 65, 70, 88 r., 113
Werner Streitberger, Thüringisches Landesamt für Denkmalpflege und Archäologie	S. 23, 53, 61, 75, 110, 118
Klaus Hofmann, Museum Burg Posterstein, Burgberg 1, 04626 Posterstein	S. 38–39
Peter Goepel	S. 68

für die freundliche Unterstützung bei der Auswahl und Zusammenstellung der Bilder. Alle weiteren Bilder stammen aus dem Archiv der Verlagsgruppe Kamprad. Der Verlag hat sich bemüht, sämtliche Rechteinhaber zu ermitteln. Sollten dennoch Ansprüche übersehen worden sein, bitten wir die Betroffenen, sich mit dem Verlag in Verbindung zu setzen.

FAHRPLAN

Strecke I: Bahnhof, Friedrichstraße, Schützenstraße (oder umgekehrt)		Strecke II: Bahnhof, Johannisstr.

Richtungsschilder an den Wagen: roth mit weißer Schrift.

Richtung.	Abfahrtzeiten.													Richtung.		
Bahnhof ab	8^{0}	8^{12}	8^{24}	8^{36}	8^{48}	9^{0}	9^{12}	9^{24}	9^{36}	9^{48}	10^{0}	10^{12}	über	Bahnhof ab	8^{6}	8^{18}
Abzw. Wallstr. (Theater) über Friedrichstr.–Schützenstr.	8^{7}	8^{19}	8^{31}	8^{43}	8^{55}	9^{7}	9^{19}	9^{31}	9^{43}	9^{55}	10^{7}	10^{19}	bis 8 Uhr abend.	Abzw. Wallstr. (Theater) über Burgstraße–Johannisstraße	8^{13}	8^{25}
Schützenstraße an	8^{18}	8^{30}	8^{42}	8^{54}	9^{6}	9^{18}	9^{30}	9^{42}	9^{54}	10^{6}	10^{18}	10^{30}		Schützenstraße an	8^{18}	8^{30}
Schützenstraße ab über Schützenstr.–Friedrichstr.	8^{18}	8^{30}	8^{42}	8^{54}	9^{6}	9^{18}	9^{30}	9^{42}	9^{54}	10^{6}	10^{18}	10^{30}	über	Schützenstraße ab über Johannisstraße–Burgstraße	8^{18}	8^{30}
Abzw. Wallstr. (Theater)	8^{29}	8^{41}	8^{53}	9^{5}	9^{17}	9^{29}	9^{41}	9^{53}	10^{5}	10^{17}	10^{29}	10^{41}	bis 8 Uhr abend.	Abzw. Wallstr. (Theater)	8^{23}	8^{35}
Bahnhof an	8^{36}	8^{48}	9^{0}	9^{12}	9^{24}	9^{36}	9^{48}	10^{0}	10^{12}	10^{24}	10^{36}	10^{48}		Bahnhof an	8^{30}	8^{42}